LA POLOGNE
AFFRANCHIE,
ou
SA PREMIÈRE VICTOIRE,

Par Mlle *Héloïse Pillard*,

ÂGÉE DE TREIZE ANS ET DEMI.

BESANÇON,

Imprimerie de Charles Deis.

M DCCC XXXI.

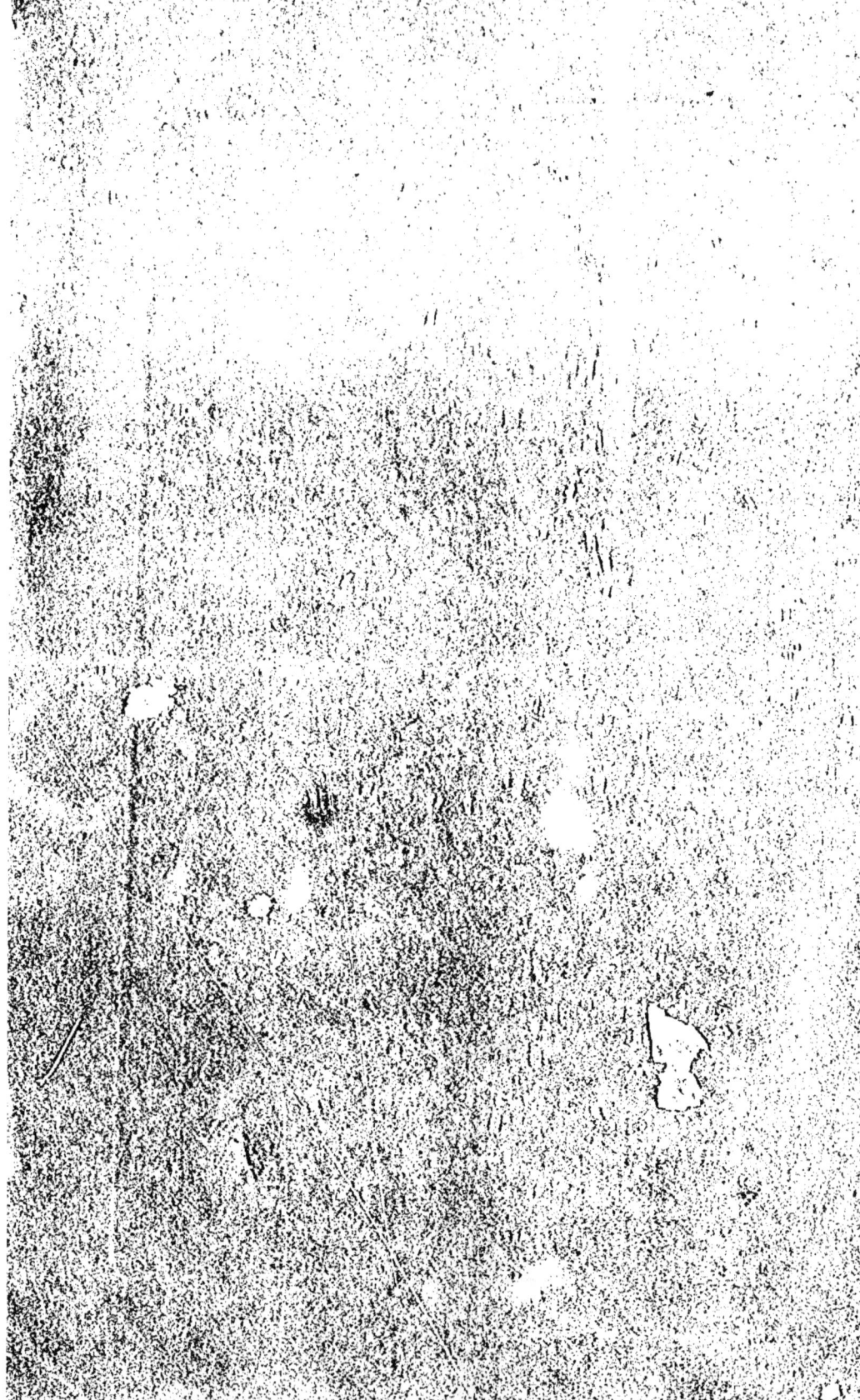

LA POLOGNE

AFFRANCHIE,

ou

SA PREMIÈRE VICTOIRE.

LA POLOGNE

AFFRANCHIE,

OU

SA PREMIÈRE VICTOIRE,

PAR

Mlle HÉLOÏSE PILLARD,

AGÉE DE TREIZE ANS ET DEMI.

BESANÇON,

IMPRIMERIE DE CHARLES DEIS.

1831.

DÉDIÉ

A

MON PARRAIN.

Héloïse Pillard.

PRÉFACE

ou

NOTICE

SUR LA VIE DE L'AUTEUR,

PAR SON FRÈRE,

AGÉ DE QUINZE ANS.

Héloïse Pillard naquit à Gray, petite ville de la Franche-Comté sur les bords de la Saône. Née avec un caractère des plus heureux, son enfance ne fut point inquiétée par les larmes;

aussi sur sa figure était toujours empreinte la joie la plus vive; jusqu'à huit ans elle parla beaucoup et mal, c'était là son seul défaut.

A cet âge, sa taille grande et son corps d'une grosseur proportionnée à sa hauteur, annonçait une constitution robuste; elle a la tête grosse, le front grand; ses yeux, petits et tirés vers les coins, sont la marque d'un esprit caustique; son nez est médiocre et sa bouche grande, ce qui lui faisait dire souvent, que les grandes bouches étaient les bouches à esprit. Jusqu'à douze et treize ans elle eut une grande fraîcheur que le travail pâlit un peu; ce fut seulement à onze ans qu'on vit se développer en elle les premiers germes de ce talent poétique, qui, j'espère, la distinguera par la suite.

Héloïse ne fut point élevée dans les pensions comme la plupart des demoiselles; jamais elle ne sortit de la maison paternelle; sa mère, Joséphine Pillard, dont les goûts ont été ceux de sa fille, sut démêler à travers l'ingénuité de l'enfance quelque chose de particulier; d'ailleurs, elle ne voulut jamais s'en séparer, elle lui prodigua les soins de la plus tendre mère, et vit bientôt fructifier dans son esprit les semences abondantes qu'elle y avait jetées; car dans un âge encore tendre, et sans connaître même les règles de la poésie, Héloïse avait des cahiers remplis de comédies et de tragédies; s'étant surtout appliquée à celle de Léonidas aux Thermopyles, elle entendit faire l'éloge de celle de M. Pichat: Je ne veux pas être, dit-elle, au second rang. Elle abandonna son plan.

A force de lire et relire la vie et les ouvrages de M. Bernardin de Saint-Pierre, elle s'était rempli la tête des idées gigantesques et originales qui caractérisent cet auteur; elle ne voulait pas, à la vérité, fonder comme lui des républiques, mais des hôpitaux; elle voulait en établir partout, et sur le sommet du Canigou fonder un établissement semblable à celui du Saint-Bernard; elle n'a pas perdu ces idées de l'enfance. Cependant entre douze et treize ans, il s'opéra un changement dans son caractère; elle devint silencieuse et observatrice. Héloïse a des mœurs simples, des goûts champêtres, elle n'aime point la toilette et n'en fait que par nécessité; elle n'aime point le monde, et éprouve plus de plaisir dans une promenade champêtre avec sa mère, qu'au milieu d'un cercle brillant dont elle n'aime point les conversations. A douze ans elle se mêlait de juger les auteurs, car elle connaissait et avait lu tout ce qu'il y a de bon en littérature française; ses prosateurs favoris étaient MM. de Châteaubriand, Bernardin de Saint-Pierre, J.-J. Rousseau et Young; ses poètes, MM. Racine, de Lamartine, Barthélemy et Méry

elle aimait peu Delille, si ce n'est son Enéide;
pour Voltaire, elle avait reconnu avec Napoléon,
que ses caractères étaient pour la plupart manqués. Elle ne voulut pas apprendre les fables de
Lafontaine.

Héloïse avait près de treize ans lorsque la
révolution de 1830 éclata; la liberté, qui était
dans ses goûts, offrit un vaste champ à son
imagination; elle fit différentes pièces de poésie, un drame et un opéra, qui paraîtront plus
tard. Ses ouvrages sont faibles, sans doute,
et ce n'est qu'en se confiant à la bienveillance
des lecteurs pour un enfant, qu'elle osera les
livrer au public. Cependant les parens d'Héloïse
voulant aider son jeune talent, sa mère la conduisit à Paris, dans l'espoir de la faire profiter
des leçons des grands maîtres; cela fut impossible, car l'air de Paris lui fut tellement contraire, qu'elle y tomba malade presque aussitôt

son arrivée; d'ailleurs le bruit, la confusion lui déplaisaient extrêmement; cependant elle disait que son petit séjour lui valait dix ans d'expérience et de raison. Voici enfin comme elle s'en exprimait à son retour :

« Bords heureux de la Saône, prairies char-
» mantes qu'émaillent tant de fleurs, quelle
» âme insensible à vos beautés vous préféra les
» grandeurs de Paris. En vain je vis des rois les
» superbes palais; en vain je m'égarai dans les
» colonnades du Louvre, mes yeux n'admiraient
» rien, tant de magnificences n'ont point touché
» mon cœur; mais mes larmes ont coulé à l'as-
» pect de la grotte solitaire, et mon âme s'est
» émue dans la profondeur de nos sombres
» forêts. Les richesses de cette ville immense
» n'ont point captivé mon cœur. Hommes qui
» croyez y trouver le bonheur, jettez un coup

» d'œil sur la nature; venez contempler l'aurore
» sur les bords enchantés que la Saône arrose;
» rêvez un instant dans nos bois; là, éloignés du
» fracas de cette capitale, votre oreille n'entendra
» que le vent qui balance la cime du chêne et des
» peupliers de la prairie, les doux accens du ros-
» signol et le murmure du ruisseau voisin; mais
» que dis-je? vous n'entendez pas ma voix, la
» nature est pour vous sans beautés, et Paris
» vous entraîne; votre œil n'admire que la splen-
» deur des palais, votre esprit se resserre dans
» l'enceinte d'un édifice; c'est en vain que je
» vous parle, vous ne voyez rien au-delà; eh
» bien! hommes insensés, que de faux plaisirs
» enchaînent, restez dans ces lieux corrompus
» par les fausses maximes du monde, que Paris
» pour vous ait des charmes; mais toi que mon
» cœur admire et dont les hommes n'ébranlèrent
» jamais la vertu, sincère amant de la nature,
» Bernardin de Saint-Pierre, je veux fuir avec

» toi ces lieux funestes; on y boit à longs traits
» la coupe empoisonnée du monde; fuyons ces
» hommes qui ne goûtent que les plaisirs des
» sens, qui ignorent ceux de l'âme. Ah! viens
» loin de Paris contempler ma belle patrie; là,
» tu verras le soleil se lever majestueusement,
» ses rayons qui dorent nos coteaux, l'azur des
» cieux, l'air frais qu'on y respire, l'astre des
» nuits qui chaque soir promène sa lumière
» mystérieuse dans les frais espaces de nos bois,
» t'enivreront des plus douces émotions; là en-
» fin, la nature est plus belle et les hommes
» meilleurs. Ah! permets-moi de marcher sur
» tes traces, de laisser là ces pompes, et de
» m'égarer avec toi dans la retraite solitaire.
» Oui, je te dis adieu, adieu pour jamais, ville
» magnifique où le bonheur n'habite pas; qu'un
» autre œil que le mien admire ta splendeur; je
» vais revoir ces beaux lieux de ma naissance;
» mon cœur redemande nos prairies, nos bos-

» quets et la Saône, et rentrant avec l'hirondelle
» sous le toit de mes pères, je dirai, avec le bon
» Chactas : J'ai visité les superbes cabanes de
» nos rois; mais j'ai trouvé le bonheur sous le
» toit de ma chaumière. »

AU PUBLIC.

Lecteur, pour un enfant ne soyez point sévère;
Ma voix est faible encore, et mes pas chancelans.
Donnez-moi des conseils, je désire vous plaire;
Daignez vous souvenir que je n'ai que treize ans.

LA POLOGNE

AFFRANCHIE.

Assez et trop long-temps d'un empire odieux
La Pologne a porté le joug impérieux ;
Cette héroïque terre, en prodiges féconde,
Par d'immortels exploits veut étonner le monde.
Voyez-vous l'aigle blanc, dans son rapide essor,
S'élancer dans l'espace et reparaître encor?

Par un sublime effort, s'éveillant de la poudre,
Il a brisé ses fers et retrouvé sa foudre.

Soudain a retenti son cri de liberté;
L'écho l'a reporté de rivage en rivage,
Et sous ses voûtes d'or, dans sa grande cité,
L'autocrate orgueilleux en a frémi de rage.
Enflammé de courroux, ce farouche César
De sa voix fait trembler le vieux palais du czar :
« Oui, c'en est fait, dit-il, soldats, je vous l'ordonne,
» Rassemblez en ce jour votre immense colonne;
» Et qu'à l'aspect vainqueur d'un terrible escadron,
» La Pologne à genoux implore son pardon. »
Inutile fureur, la nation des braves
A méprisé les coups d'une horde d'esclaves.

AFFRANCHIE.

Déjà sur ses remparts de piques hérissés,

On voit se déployer l'arsenal redoutable,

Le terrible boulet, la balle inévitable,

Et la bombe et l'obus sur les murs entassés,

Et le canon roulant sur son essieu rapide,

Qui moissonne à la fois le lâche et l'intrépide.

Là, sur le bastion qui, d'un triple côté,

Protége en ce moment la sublime cité,

La grave sentinelle, en sa morne attitude,

Debout veille à son poste avec inquiétude,

Et le soldat demande, en sa bouillante ardeur,

Un ennemi trop lent au gré de sa valeur.

Dans les murs cependant tout s'agite et s'apprête :

L'enclume a résonné sous les pesans marteaux,

Et les fiers Polonais, pour la terrible fête,
Font déjà retentir leurs bruyans arsenaux.
Ces braves défenseurs, pleins d'un noble courage,
Vont sauver la patrie et laver son outrage.
Du paisible hameau le rustique habitant
Arme sa forte main du glaive menaçant;
Pour rendre à son pays l'antique indépendance,
Et le soc et la faux tout sert à sa vengeance.
Oubliant par vertu leur timide pudeur,
En ces instans de mort, des vierges magnanimes,
D'un noble dévoûment volontaires victimes,
Du combat décisif ne craignent point l'horreur;
D'autres, renouvelant, dans leurs vertus stoïques,
De Rome et Marathon les femmes héroïques,
Pour seconder encor ces héros généreux,
Apportent en tributs des ornemens pompeux;

Et dans ces jours sanglans d'éternelle mémoire,

A de brillans accords mêlant leurs saintes voix,

Les ministres divins du Dieu de la victoire

Montrent aux Polonais l'aigle blanc et la croix.

Tout à coup retentit l'affreux signal d'alarmes;

Les ennemis sont là !!! guerriers, prenez vos armes;

Au bruit de ces tambours, de ces clairons perçans,

Volez au champ d'honneur, généreux combattans;

Fils de la liberté ! partez, la charge sonne !

Là, voyez-vous passer, l'effrayante colonne;

Sur la ligne de fer, parés de leurs cimiers,

Les dragons imposans se montrent les premiers;

Les braves fantassins, pleins d'une noble audace,

Du bouillant Radziwil suivent au loin la trace;

Voilà ces artilleurs, dont le canon tonnant
Promènera la mort dans son vol foudroyant ;
De sa bouche de feu, la mitraille vomie
Va creuser des sillons dans la horde ennemie.
Les fanfares de gloire éclatent dans les airs ;
L'armée en ce moment, dans une immense plaine,
Étend ses bataillons sur la poudreuse arène ,
Et le premier canon réveillant ces déserts,
Au signal du combat qui jusqu'aux murs résonne,
Trouble du triste écho le repos monotone.
Alors comme un lion, dans sa bouillante ardeur,
Pour briser le lien qui l'enchaîne et l'irrite ,
Bondit, et rugissant, enflammé de fureur,
Sur le noir Africain soudain se précipite ;
Ainsi ces Polonais, qu'on osait outrager,
Sur les tyrans du nord impétueux s'avancent.

AFFRANCHIE.

La rage dans le cœur, brûlans de se venger
L'un sur l'autre à la fois ces fiers soldats s'élancent.
La plaine disparaît en poudreux tourbillons ;
Tels que ces longs éclairs qui sillonnent les nues,
Dans l'horrible combat brillent les armes nues,
Et la terre a tremblé du choc des bataillons :
Tout se mêle soudain, et le drame commence.
Enfin, elle a sonné l'heure de la vengeance,
L'heure où d'un peuple entier, sous le feu du canon,
Doit revivre la gloire ou s'effacer le nom.
Du vaillant Radziwil la parole enflammée
Ranime les soldats et double cette armée :
Une lance à la main, sur le rempart d'acier
Il pousse hardiment son rapide coursier,
Et le premier, suivi d'un escadron d'élite,
Sur le front de Diébitch vole et se précipite,

En s'écriant : « Guerriers, je vous les ai promis,
» Ils tombent devant vous ces combattans timides ;
» Ralliez à ma voix vos troupes intrépides,
» Écrasez d'un seul coup ce peuple d'ennemis. »
A ces mots on croit voir, plus fier et plus terrible,
L'aigle blanc s'élancer dans ce combat horrible.
La charge recommence avec plus de fureur ;
Comme un brillant éclair sur la ligne écarlate,
En sillons lumineux la fusillade éclate,
Et l'œil n'aperçoit plus qu'un théâtre d'horreur.

Dans cet instant suprême, une foule inquiète,
Sur le haut des remparts immobile et muette,
Contemple avec effroi ce spectacle sanglant,
Cette lutte inégale et ce choc effrayant,

Où l'on distingue à peine une masse agitée,
Où d'un écho lointain l'oreille épouvantée,
N'entend qu'un bruit formé de mille sons divers,
Comme un long cri de mort élancé dans les airs.
Quelquefois dans les murs entrent par intervalle
De lugubres convois et de funèbres chars ;
Chefs, soldats, morts, mourans, la civière fatale
Les porte confondus jusqu'au sein des remparts ;
Ils passent lentement..... Sous la porte massive,
Se précipite alors une foule attentive ;
La crainte et l'espérance agitent tous les cœurs :
« Sommes-nous, criait-on, esclaves ou vainqueurs ? »

Cependant hors des murs, dans l'horrible carnage,
Tombent des ennemis les formidables rangs ;

Les chevaux ont foulé ces cadavres sanglans,
Qui mordaient la poussière en expirant de rage,
Et bientôt, vers le front des Russes ébranlés,
L'armée a repoussé son effroyable trombe ;
En bloc elle s'élève, en bloc elle retombe,
Et fait frémir le sol de ces champs désolés.
Par un dernier effort arrachant la victoire,
Radziwil a saisi l'étendard triomphant,
Et, sur l'affreux débris de ce carré fumant,
Il arbore à grands cris le talisman de gloire :
« Soldats, dit-il, le monde admire vos exploits,
» Et votre nom fameux de ces tyrans du pôle
» Fera pâlir encor la grande métropole. »
Il a dit, et soudain comme une seule voix,
Entonnant dans la plaine un air plus héroïque,
L'armée a répété le chant patriotique.

AFFRANCHIE.

Elle marche, et déjà ses glorieux drapeaux
De la première porte effleurent les arceaux;
Le peuple a salué par des cris d'allégresse
Ses héros si fameux, ses braves défenseurs,
Et la fière Pologne, en ses transports d'ivresse
Répète, libre enfin, l'hymne chère aux vainqueurs :
Salut, belles couleurs, drapeau de la victoire;
A ce jour si pompeux d'éternelle mémoire,
    Tu promets l'immortalité.
O soleil de juillet, signe d'indépendance,
Tu fixes à la fois, sur nous et sur la France,
    Le réveil de la liberté!

FIN.

www.ingramcontent.com/pod-product-compliance
Lightning Source LLC
Chambersburg PA
CBHW060559050426
42451CB00011B/1989